SETE SUÍTES

ANTONIO FERNANDO DE FRANCESCHI

Sete suítes

COMPANHIA DAS LETRAS

Copyright do texto e das ilustrações © 2010
by Antonio Fernando De Franceschi

*Grafia atualizada segundo o Acordo Ortográfico
da Língua Portuguesa de 1990,
que entrou em vigor no Brasil em 2009.*

Capa
Kiko Farkas/ Máquina Estúdio

Edição
Heloisa Jahn

Revisão
Arlete Souza
Marina Nogueira

Dados Internacionais de Catalogação na Publicação (CIP)
(Câmara Brasileira do Livro, SP, Brasil)

De Franceschi, Antonio Fernando
    Sete suítes / Antonio Fernando De Franceschi. — São Paulo : Companhia das Letras, 2010.

ISBN 978-85-359-1731-4

1. Poesia brasileira I. Título.

10-07952   CDD-869.91

    Índice para catálogo sistemático:
    1. Poesia : Literatura brasileira 869.91

[2010]

Todos os direitos desta edição reservados à
EDITORA SCHWARCZ LTDA.
Rua Bandeira Paulista 702 cj. 32
04532-002 — São Paulo — SP
Telefone (11) 3707-3500
Fax (11) 3707-3501
www.companhiadasletras.com.br

Sumário

Suíte Pirassununga, 13
   Na febre dos coretos, 15
   Gato, 16
   Chuva, 17
   Verão 1949, 18
   Quintal, 20
   Polpa, 21
   Réquiem para tio Toninho, 22

Suíte asa e vento, 25
   Um dia de janeiro, 27
   Resíduo, 28
   Habitação, 29
   Natal, 30
   Ensaio de voo, 31

Suíte das formas clássicas, 33
   Bucólica, 35

Catuliana, 36
Geórgica, 37
Écloga, 38
Canzone, 39

Suíte das palavras, 41
  Bal grammaire, 43
  Perícia, 44
  Arcano, 45
  Percurso, 46
  Lavra, 47
  Panorama de um quarto andar, 48
  Com leveza de pluma, 49
  Palavras cruzadas, 51
  O véu volátil, 52

Suíte Poços de Caldas, 53
  Prólogo, 55
  I, 56
  II, 58
  III, 59
  IV, 60
  V, 62

Suíte dos retratos, 65
  Retrato I, 67
  Retrato II, 69
  Retrato III, 70
  Retrato IV, 72

Suíte das inquietudes, 75
  O paradoxo de Gödel, 77

Empíria, 78
Agenda, 80
O sonho inacabado, 82
Memento, 84
Post-mortem, 86

SETE SUÍTES

SUÍTE PIRASSUNUNGA

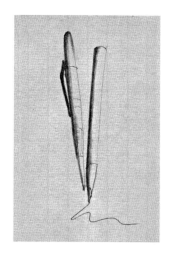

Na febre dos coretos

a seco do baú soando vésperas
com perfume de Alhambra e talco Coty
o quarto das amas lembro: Rouge Mirúrgia
noites de sândalo: sandices
pela janela que em voo eu saltava
depois que elas saíam
sob as anáguas sombreiras
roçando o toucador onde esqueciam
manchadas de batom
as prensas de dobrar pestanas:
restos nas partidas disparadas
para a febre dos coretos:
dias de Cashmere Buquê
quando a nuvem pó de arroz
punha neve nas conchas caídas dos sutiãs
e no chão o recorte nervoso dos pés
traía meu vaivém:
glória!
entre chumaços de cabelos revoados
pelos vãos dos bobes
e os grampos que recolhia
eram troféus em efígie
da ambulação domingueira
na praça principal:
ânsia do menino

Gato

rasante zoom à risca:
decifro um gato
sob as unhas do menino
prévio ao meu temor:
movo-me entre as raias
com cuidado
evito o negro
onde me perco:
não toco o tigrado dorso
nem o riso convexo
olho:
desdobro um tanto a memória
que rumina: mão infante
o pintou zebrino
em véspera de pulo:
arqueio as setas do bigode
que fremem sobre as tetas
pois é fêmea
e trívio
como qualquer gato:
mas esse exato
derreteu geleiras

Chuva

leve é a febre do contato:
mão rente de unhas
um punho um braço
e cúmplice me desmando
a navegar teu corpo todo

flexo
me alço aos teus cabelos
contra as luzes da piscina
e dúbio é o colo
que adivinho:

chovia pétalas sob a pérgula
e eu não sabia
mas te sabia inferno:
pálpebras pés boca indormida
na noite radiosa

Verão 1949

espaço de sombra
que apascento a meu modo
aceso:
sob o seio exausto

abro frutado
o pão primeiro
na espessura do quintal
em que me fundo

acaso podia furtar-se
teso:
um coração latindo
no limiar de tudo?

podia a língua?
dentes?
sem medo
podia o dedo?

ante as termas e caracóis da aldeia
mamei teus peitos sáurios
ao pé da escada
sem temor das devassas

tarde de outono
desmaiando cedo:
já vinham as dobras da noite
com suas cortinas sem jaça

quem alcança redimir
ileso
de culpa ou peso
o afago impuro?

Quintal

com propensão radial
paineiras vertem sombras
carnosas
e úmido negror

na densa bruma
musgos sorvem com ventosas
cristal e âmbar
pelos cílios

sol do meio-dia
em ponto fatal:
ao lado empalidecem
lírios

Polpa

degusto cego
o suor dos bagos
rente à pele dura

fendo a negra resistência
esfera
armadura

e no vinho que advém
onde a língua acaba
adivinho: jabuticaba

Réquiem para tio Toninho

notícia de ontem: foi desta para melhor
meu tio homônimo (na fria manhã de 1º de julho de 1999
em Pirassununga onde nasceu e de onde pouco saía)
sua folia já não viu a luz do dia

quando jovem causticava um jeito cínico
que intransigente a alturas tantas
lhe cobrou inquieto o que não tinha
e como os tinha dispensou os próprios dentes

sabia como ninguém recortar figuras
em cascas de laranja (que espremia depois
incendiadas sobre as cabeças dos vizinhos):
era o escultor à mesa de jantar

em certa conta nela oito eram par
(falando só dos sobrinhos) famintos todos
feito gatos implorando os formatos
que ele amassava exatos no miolo dos pães

quando eu tinha onze anos era certo e sabido
que o tio Toninho ia a São Paulo
só para provar as delícias da doceira Gerbaud:
festa em quarto fechado que repartia comigo

o silêncio pródigo era seu cultivo e o humor negro
em quadrinhos: Drácula X9 Cine Mistério
de onde vinha o apelido sem dó de Augusta Frankestein
(Schimidt de certidão) lugar-tenente no solar de minha avó

viciado em troça mas sem pingo de desdém
ou fauno imperfeito ou solitário no pélago do rio Mogi:
que imagem a memória retém deste estranho confrade
de quem fui compadre desde os quinze anos?

tardes desfeitas dias horas e a manhã também
em frente à casa dele me queimei nas taturanas
subindo pelas figueiras tanta era a dor tanta a pele torturada
que clamei uivei como um cão: tio Tonhinho não tinha
pomada

a lembrança é brisa leve (desmancha com a sazão)
na mão contrária do vento:
trinta lençóis engomados e a cada verão uma cama
para o sobrinho sem tempo

SUÍTE ASA E VENTO

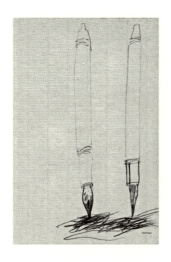

Um dia de janeiro

> *Crede che il pessimismo sia davvero existito?*
>
> Eugenio Montale

ápice da tarde
quando o saturado cinza
envolve a cidade
e reticente nos relembra
planos de vida
que sabemos de cor
medo
e má memória

sua-se frio
no altar desfeito
e o tom certo sutilmente buscado
faz-se perdido no último toque
antes do arco-íris

reconheçamos:

imodesto
o otimismo oclui o pensamento
(em vão alertou o poeta pelo avesso):
"agora todas as cores exaltam
nossa palheta
— exclusive o negro"

Resíduo

destruo inumerável
como quem limpa arquivo
a plenos pulmões
sem sombra de deixar
vestígio

unha roída ao limite
lúnula:
caroço em texto ossudo

em vão deleto
traste e pó
devasso cantos
moo e me engano
no enjoo de lavar a seco

um nada fica sob a língua
resta sem contraste
arde:
desde o começo

Habitação

arco aberto
na extensão da linha
ponto a ponto

trânsito de palavras
longe
perto nos quasares

abismo do pulso disparado
e boca e olho:
poros

onde recebo
sem caber-me
a pequena morte

nu deste lado da parede
parede-meia:
o mundo

ausente à distância de toque
sou íntimo
e a vizinhança me dói

Natal

pergunto ao olho
que vê:

o que me trava
no limitar da festa?

silêncio sem cultivo
na boca que não abro?

gosto que não gosto?
trago que não trago?

sonho desfeito
ante a mesa posta:

da hora nua
esta

não tiro efeito
nem qualquer resposta

Ensaio de voo

    fecha
        a tarde audível
        olho
        em coração e medo

    desarma
        memórias
        e o sangue
        exausto

    abre
        o que pesa
        e sem contingência
        de abrir

    engana
        asa
        e
        vento

SUÍTE DAS FORMAS CLÁSSICAS

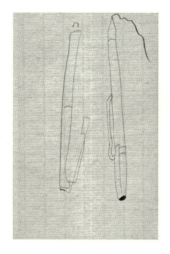

Bucólica

> *Ne quitterez-vous point ce séjour solitaire?*
> La Fontaine

se eu Filomela apreciasse o sofrimento
contigo seguiria: desde os tempos da Trácia
jamais a cidade prestou: a ela eu não iria
prefiro o bosque o canto o esquecimento
me basta o tanto que ao verde cabe: me apraz
nem de amizade preciso
e a presença dos homens me angustia
isso eu disse a Procne
e mais:
em paz me deito no campo

Catuliana

> *Amata nobis quantum amabitur nulla*
> Catulo

Catulo
senhor de Catulo
não fosse Lésbia
que era Clodia e bela: infiel

vil certeza
aquela
era seu fel
e ele bebia

seria mel
se um só sorvesse: ele
mas eram muitos
que se serviam

hymen oh hymenaee
a vida é maior que a morte
muito a tivesse: mais
a perdia

Geórgica

> ...*generandi gloria mellis*
> Virgílio

sob céu
verdes coletas

flor folha
ardida

e os pastos
todos

sob fundo
gris

foz
oceano

mar zumbindo
de abelhas

na glória de gerar
mel

Écloga

> *Sui polverosi specchi dell'estate...*
> Ungaretti

à tarde vêm
lúteas falenas

em tudo asas
farfalham plenas

féleas felices
centenas

veludas velas
sob as antenas

flanam falhadas
se descabelam

e em faina vã
falecem

Canzone

> ...*nel fero loco ove ten corte Amore*
> Guido Cavalcanti

de nada vale amor que mero
ocupa verso e rima: se vero
não poupa: se raro preocupa
amor que vale arde e machuca

se é chama volteia como quero
se dura se trai *in natura*: erro
sei que não sei: amor mor se matura
e da própria substância se satura

requer já outro amor que cumpra
prometa mais ventura: pois nunca
mesmo a cumprirá: falho em candura
de amor se cai de suma altura

SUÍTE DAS PALAVRAS

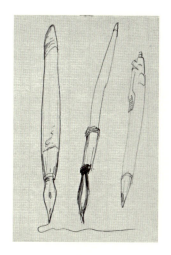

Bal grammaire

fui cap em Bizâncio
com candura
por metonímia

na contramão
cortei um não
e um rei por aférese

parei em Ana
no anagrama
mais não tentei

por metaplasmo
ceguei: vi
tornei-me pasmo

agora sei: li
toda escritura
é pleonasmo

Perícia

(leve, puro como um gato)

um ás
transfere ditongos

corta-lhes elos
vazões

exorta
audíveis escombros

torna-os raros
oblongos

importa-os
redondos

nunca os recorta
demais

Arcano

armar a forma
pelo lado abstrato
sem suporte de linha
ou estrita norma:
exato?

traçar ôntico
pelo lado onírico
sem medo do lírico
ou limite de corte:
o norte?

Percurso

do ponto
onde o sangue verte
tomando pulso

víscera:
força pelos fólios
o impossível dito

foz:
deságua pelo avesso
indeclinado

dor:
fala nomeando
sem palavra

Lavra

    com dáctilo presságio
    vasculho e colho:
        passaggio
        restolho
    em lavra avulsa
    escolho de palavra

Panorama de um quarto andar

verso

    nuvens blaus
    bruscas
    brumas escuras
    breves
    brenhas de prédios
    brancas
    esquinas respiram
    ruas

reverso

    ruas escuras
    brumas
    esquinas de prédios
    brancas
    breves nuvens
    blaus
    brenhas respiram
    bruscas

Com leveza de pluma

havia em seu peito
uma vontade danada
de ser passarinho
tico-tico
tico-tiquinho

mestre da fina arte
da Grécia antiga do aedo
confessou em epigrama
o seu anelo sem medo:

"Esses que aí estão
atravancando meu caminho
*   eles passarão,*
*   eu passarinho"*

com leveza de ave
e palavras de todo dia
cantou e foi entendido
por gente de vária gama

pássaro que flanava
de rima em rama
era ele quem versava
a tessitura da trama

pequeno e só
na pura tensão do salto
era o poeta mais alto
seu nome: Mario Quintana

Palavras cruzadas

entre ordenada
e abscissa
o campo aberto
da renhida liça

na horizontal
logo disposta
na quarta linha
de corpo inteiro
a palavra densa:
permanência

em rumo inverso
de norte a sul
partilhando o mesmo *"a"*
na quarta casa
de uma mesma esquina
a fatal sentença:
fugacidade

cruzam-se letras
nomes   glossários
entre as retas coordenadas
e o jogo das confluências
acaso acerta a medida
das muitas voltas da vida

O véu volátil

a poesia desespera
às vezes
em guardanapo de papel
ela
que incomoda tudo
tem pressa de chegar:
destrava o obscuro
aclara
esvai-se em gula
e como sal:
solve e coagula
requer-se mais
se alterna: dura
abrindo um véu
que não faz ver
se estua inteira
em espessura
e inesperada
deixa-se tocar: cisma
tisna qualquer olho
trai em desaforo
todos os sentidos

SUÍTE POÇOS DE CALDAS
Cantos da montanha

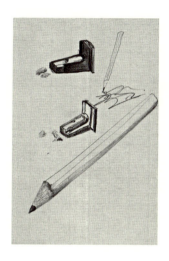

We learn geology the morning after the earthquake

RALPH WALDO EMERSON

Prólogo

de cor paciente
não desisto se me moo

nem vacilo na subida
no engano de suar cego

lá não se vai com os pés: ego
sem ânsia a montanha quer voo

I

a montanha é a *ultima ratio*
fecunda e radiosa:
seu ventre de pedra protubera
sob graminhas
e urtigas

não lhe peçam conselhos
nem sociedade limitada
a montanha é calada certeza
do mar pretérito: cama
e arrepio do verde

às vezes afloram conchas
nos sexuados cumes:
deles tudo se vê
para a frente e para trás
em seu eixo contingente

trafegar seu vário: perder-se
como cicatriz que despede
a pele última: a montanha
aguça nossos medos
com unhas de gato

e desafia:
não dá satisfações
quando desanda no vale
o jorro de suas águas:
sabe o mundo mais embaixo

contudo vacas cagam
em seu lombo pneumônico
de montanha sem memória:
céu aberto sobre as urzes
e os venenos sagazes

porque mineral e epifânica
gnômica e indecifrável
solene nos mira
do avesso
mas não abre seu segredo

impossível evitar a vertigem
de seu perfil em sombra
— a montanha sempre lá:
por que não a galgamos
se está à nossa frente?

II

suportar pés quadrúpedes
e o humano pé que amassa
que acha a tocha de queimar
e sob máximo sol: salga

resseca em cal
a pródiga passagem
abre a mina ofertória
põe seu dentro fora
e devassa
em lixívia crassa
o mar calcário:
depois acama o revolvido
pó

façanha
sem voo possível:
o que agora vai
antes era a crista:
viaja a montanha
em sacos de aniagem

III

imagine
a ignomínia
de habitar o plano
em que água se acumula
e vento não traz arpejo
nem colima a nuvem
sombra exata

onde o piso desplumado
mascara o verde
nos cinco lados
do arbusto
e a luz tardia
insufla redomas
sem vingar sementes

prefira os altos
de sustar respiro
e a impura geometria:
a montanha nunca abriga
mas é casa certa
apesar de hirsuta:
não a tema pelos ramos duros
e a crispada vagem:
urtigas não castigam
quando o talho é doce

IV

em terras de vulcão
deito de costas no milheiro

encantam-me as folhas da palha
pelo morro desolado

e olho posto no sol
meu travesseiro é uma rama

ruído de pés: não meus
voa a rola e voa a codorniz

não quis o pasto crestado
nem minerei refratário

nunca o queimei nem quero
vim por nada: vim no canto do canário

e acabei no berço amplo
onde o verde arde dourado

mas como vim advirto:
antes rude que falso

não temo o dizer contrário
se a contramão predestina

e falto confesso claro:
é minha sina clamar

que desde já: mesmo sem chama
um grande fogo se levante

verás: malgrado teus cuidados
as cinzas deste campo

V

resumo
in fine:

como invocar
a inominada?

calvária?
primal?

em vão convoco
palavras espantosas

para fundir
sua alegria

tardes ventosas
ao máximo

quando tudo
se consuma

e a reclamo mudo
no vocabulário da pedra:

vêneris a chamo ou veneranda
turva cinérea celerada

plena ou vazante
a que contida extravasa

em raso ou fundo
submissa aos quadrantes

a montanha não pede alcunha
nem aceita apelidos

nos altos de perder fôlego
seu nome é estar no mundo

SUÍTE DOS RETRATOS

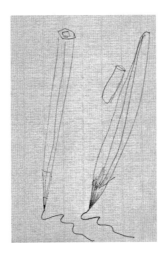

Cada linha pressupõe uma pena que a traça, e cada pena pressupõe uma mão que a empunha. Que coisa esteja atrás da mão é questão controversa: o eu que desenha termina por identificar-se com um eu desenhado, não sujeito, mas objeto do desenhar.

ITALO CALVINO

Retrato I

d'après Rembrandt

insinuado na intenção do traço
há um rosto por trás do retrato
que pode apesar das dúvidas
fazê-lo incorrer em falsidade:

duplo tropeço — entenda-se
caso o retrato insinuado seja
obra escusa de pintor com dotes
mas sem escrúpulo algum

falsário desconhecido como tantos
revoando à volta dos gênios
de ontem hoje e amanhã: copistas
sem recato ou respeito ao copiado

em 1669 morria em Amsterdã
Rembrandt Harmenszoon van Rijn
mestre entre os grandes de sua época
e assaz louvado com o passar do tempo

autorretratista em lápis pincel e buril
fez do próprio rosto autoconhecimento
voltando a si o olhar mais profundo
na busca fértil da interna luz

deixou ao fim da vida mais de oitenta
autorretratos de sua autoria provada
embora outros de dúbia atribuição
circulem hoje por museus e galerias

se belas: mesmo cópias quase verazes
ou contrafações de ótima fatura — e as há
devem ao mestre holandês o que não tem:
a serena transcendência de uma arte pura

Retrato II

todo retrato falseia o espelho
em que se mira o vazio de ali
não se estar inteiramente
não pelo menos o rosto público
consabido
aquele irreconhecível que não lhe é seu
por estranheza de si mesmo
e bem ou mal o rejeita
ao vislumbrar um outro

esse sim o retrato veraz
alojado — você crê — na camada mais funda
da imagem que possa fazer de si:
tal seria o recôndito retrato
portador de seu curso no tempo
nas horas milenares que lhe fizeram espesso
o sangue nas artérias
como seiva circulando pelos vasos lenhosos
de uma árvore velha?

ou talvez o retrato deixado no sótão
que o assombra pela própria consunção?
fratura exposta do desenho riscado em sua face
no desfiar dos dias:
mil vezes mergulhado no abismo de cristal
em vão buscará a imagem refletida no espelho:
nele seu rosto é ninguém

Retrato III

com quantos traços se esboça um retrato?

interrompidas sempre no ponto certo
linhas decorrem do gesto sincopado
de um punho que aciona a mão e esta o grafite
enquanto o olhar se alterna atento
entre o papel sobre a mesa e o modelo estático
de um rosto qualquer postado à frente:
seja pintura foto ou refletido de si próprio
num espelho
e sem amuo sopesar o desafio com desvelo:

linha por linha reter a imagem já formada
em sua mente:
o mais é apurar a noese — assim se diz
da soma dos detalhes: as tantas rugas
máculas manchas que figuram
como nos mapas
as marcas sobrepostas à geografia:

acresça agora com zelo redobrado
as curvas e os contornos da figura:
o corte marcado da boca (ávida?)
em torno os lábios (apetentes?)
em cima o nariz (amplo?)
sobre o denso do bigode (pregnante?)
e mais além a fronte ressulcada pelo tempo

retratar-se: ofício de lidar com traços
e palavras (às vezes dúbias)
algo como perguntar: com quantos paus se faz
uma canoa?

Retrato IV

a cara que te veste
não te é cara
mas dela te serves
inveterado

cara que não magoa
passantes
nem faz minguar conversa
se te acercas

sem cobiça
ambula sempre igual
não pede bis
não caçoa

transita
porque parada
e mesmo fixa
é invertebrada

não destrava de raiva
não solta grito
serve mais por ser cara
que não destoa

mas cala
sob embargo e clausura
e porque cala
é dura

SUÍTE DAS INQUIETUDES

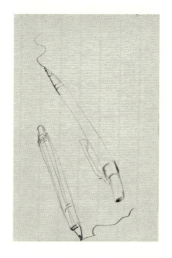

O paradoxo de Gödel

"Ele também procurou uma epifania que lhe permitisse ver o mundo a uma luz diferente."
Wao Hang a respeito de Kurt Gödel

sobre a harmoniosa ordem aritmética
o que pensado foi
sem risco de forçar a tessitura
e o musical concerto dos números naturais
rompeu-se um dia inesperada a luz radiante
de um maior pensar: então se viu
mais um caminho a ser levado adiante
e também: feitas as contas
o augural encanto que se abria
à vasta navegação em outro mar:
um oceano — se diria — de estrito apuro formal
e assim desdobrando passos em sequências lógicas
criada foi uma linguagem de tal sorte bela
que levou a matemática a falar sobre si mesma
e no roteiro do impossível dito
(pois a verdade nem sempre é demonstrável)
pouco restou além da palavra certeira:
incompletude

Empíria

ante a descrença nos sentidos
mais vale supor a esperança
em poucas palavras:

"o cego furou a pérola
o sem dedos passou-lhe um fio
o sem pescoço a usou
e o sem língua exaltou-a"

se corre assim irrefreável
a supremacia do *cogito*
como entender no trinado
o nome do passarinho?

como: se mal rompido o dia
os zangões madrugados
já sorvem as flores a frio?
(investir desde logo
é o bom tino das abelhas)

a elas — abelhas —
pertencem também os botões
do marmelo rosa
hauridos no rumor
de um zumbido só

mas se a força exterior
foi exaurida: a quem reclamar?
em vão esperam os sábios
nos átrios das bibliotecas

sendo a insurgência da carne
a que mais clama na tentação
concordemos em respeito
aos respectivos egos:
de certo modo
em plena luz
somos todos cegos

Agenda

a um mero lance de vista
abre-se inteira a agenda

com sete dias marcados
para os muitos compromissos:

domingo: ar aberto
horizonte e missa

segunda: começo de tudo
ninguém espera por ela

terça: dia de feira
os fios tecidos sem descanso

quarta: fôlego curto
quase se afogando

quinta: nem meio nem fim
é *gauche* no calendário

sexta: por vezes solene
atenta às luzes do poente

sábado: corações ao alto
prenúncios e ventanias

do gozo à compostura
tudo bem ou mal se ajeita

no decurso da semana
só não se aceita de vez

a visita inesperada
qual uma folha caindo

seja o dia seja a noite
seja a véspera da aurora

quando vem o momento
(que de pronto se percebe)

é o pensamento quem fala
em tom de pressentimento

algo sem voz nem palavra
como se fosse um suspiro:

de que vale uma agenda
se agora chegou a hora?

O sonho inacabado

um dia — qualquer dia —
você acorda de um sonho
não lembrado por inteiro
que persistente fala de você
incomodado
do que lhe dói saber
não mais que o mínimo:
detalhes da roupa
o lenço sem serventia
um tabuleiro de xadrez

era um desafio — no sonho do sonho —
e estava pronto
sonhado
quando você abre os olhos doloridos
sem se dar conta do que antes mordia
e ardente lhe escapava entre os dedos
um nada de tempo: um segundo
dois deles — talvez um minuto inteiro:
qual o tempo necessário para se esquecer?

em vão lançar-se à caneta na mesa de cabeceira:
fugidio o sonho o visita dia após dia
sem deixar-se reter:
um sonho pode durar noites seguidas
recorrendo caminho sempre igual
mas diferente

embora ressurja na hora em que você o perde
para nunca enfim retornar
ao ponto de não se poder juntar ontem com hoje
hoje com amanhã
por causa da memória que está ficando fraca
fraca?
ou ébria de vinho no pesadelo em que o sonho febril
de novo lhe oferece a saída:
aquele disfarce mal o encobre
assim falou a voz soturna: melhor fingir-se outro
a revelar sua identidade
entre si e você: um tabuleiro de xadrez
entregam-se peões — os primeiros na carnificina —
depois corcéis bispos e torres
mova a rainha para a casa ao lado
aconselhou a voz onírica: poupe-a
e o farei recordar a trama das jogadas
não fosse esse jogo — completou:
um sonho inacabado

Memento

escravo liberto tornado rico por engenho e sorte
na Roma de Nero: Gaio Pompeu Trimalquião
fazia um servo da casa soar a trompa todos os dias
para lembrar cada hora decorrida em sua vida

relatado no *Satiricon* de Petrônio (Árbitro)
o episódio suscita dúvida:
seria a apetência de viver (em mundana glória)
o motivo inusitado do memento musical?
ou o receio da morte (forçada ou natural)
que a cada passo encurta a vida?

o que somamos de um lado: subtraímos do outro
num jogo em que a soma é zero: ninguém ganha
ninguém perde: pois se a jornada é só uma
(e disso ninguém duvida) os dias que nos restam
serão ao final os vividos

mestre na ciência do cálculo (era também contador)
Trimalquião fruía em fausto as horas que lhe cabiam
amava tanto as perfeitas quanto as com gosto de fel:
no jogo de vida e morte — sabia — não há escolha fiel

pior sorte a de Petrônio (caído em desgraça ante Nero)
que se extinguiu pelas veias (abertas nos próprios pulsos)
deixou-as fluir lentamente como se o fim que já vinha
pudesse ser controlado: morreu sereno e altivo
deixando como legado o grão do romance moderno

Post-mortem

nem dentro
nem fora
nem aqui
nem agora

nem Deus
nem gente
nem o mar
contingente

nem a rara
certeza
nem pleno ar
vida afora
consola

se não se pode
tocar viola
do lado de lá

ESTA OBRA FOI COMPOSTA POR 2 ESTÚDIO GRÁFICO
EM MERIDIEN E IMPRESSA PELA GRÁFICA BARTIRA EM OFSETE
SOBRE PAPEL PÓLEN BOLD DA SUZANO PAPEL E CELULOSE
PARA A EDITORA SCHWARCZ EM SETEMBRO DE 2010